Inhalt

Erfolgskontrolle - Gretchenfrage: Lassen sich effiziente Marketingkampagnen tatsächlich planen?

Kernthesen

Beitrag

Fallbeispiele

Weiterführende Literatur

Impressum

Erfolgskontrolle - Gretchenfrage: Lassen sich effiziente Marketingkampagnen tatsächlich planen?

Harald Reil

Kernthesen

- Welche Auswirkungen Marketing auf das Kaufverhalten von Kunden hat, lässt sich nur schwer messen. Erst seit der Erfindung des Internets ist der Erfolg von Kampagnen berechenbarer geworden.
- Aus diesem Grund stehen Online-Marketing im Allgemeinen und Social-Media-Marketing (SMM) im Besonderen bei Unternehmen hoch im Kurs - zumindest

in der Theorie.
- Denn noch haben viele Unternehmen Schwierigkeiten, aus dem mittlerweile gläsernen Kunden bare Münze zu schlagen.
- Dafür sind folgende Gründe verantwortlich: Viele Firmen investieren nicht genug Geld, haben zu wenig qualifiziertes Personal, agieren planlos und arbeiten ohne Erfolgskontrollen.
- Dennoch wird vor allem Social-Media-Marketing aller Voraussicht nach seinen Siegeszug antreten. Eine professionellere Erfolgsmessung wird die Kampagnen optimieren und den Umsatz ankurbeln.

Beitrag

Marketingerfolg lässt sich mit Zahlenfuchserei nicht nachweisen

Marketers haben keinen leichten Stand. Vor allem Controller beobachten sie mit Argusaugen. Dabei sind sie doch findige Köpfe, die mit ihrem Schaffen ihrem Unternehmen erst ein Gesicht verleihen. So zumindest sehen sie sich selbst. Dennoch wird fast jeder Kreativverantwortliche während seines

Berufslebens schon einmal mit der unangenehmen Frage konfrontiert worden sein, ob das Geld, das er in eine Kampagne gesteckt hat, tatsächlich gut angelegt ist. Wären Ursache und Wirkung ohne Weiteres messbar, wäre es müßig, darüber zu spekulieren. Doch leider lässt sich der Marketingerfolg mit reiner Zahlenfuchserei nicht nachweisen. Nicht nur, dass sich die langfristigen und indirekten Folgen guter oder schlechter Kampagnen kaum - wenn überhaupt - in das starre Schema der Controllerdenke pressen lassen; auch die viel grundsätzlichere Frage, welche Kampagne angesichts bestimmter Parameter die beste aller möglichen ist, lässt sich damit nicht beantworten. Einigkeit herrscht lediglich darin, dass eine Erfolgsmessung wünschenswert wäre. Mit der Erfindung der neuen Informationstechnologien scheinen die Marketers den Makel der Nichtkontrollierbarkeit ihrer Aktionen allerdings endlich abwaschen zu können. Vor allem das so genannte Social-Media-Marketing (SMM) steht hoch im Kurs. Dank des Internets ist der Kunde transparent geworden und hinterlässt bei seiner Reise durch das Netz jede Menge Spuren. Seine Reaktionen lassen sich nachverfolgen, messen, bewerten, steuern und für Marketingkampagnen ausschlachten - so zumindest die Theorie. (1), (2)

Nicht jeder ist von Social-Media-

Marketing überzeugt

Denn in der Praxis stellt sich SMM in einem weit weniger glanzvollen Licht dar. Zwar haben Marketers dank des Internets neues Selbstbewusstsein getankt, noch ist es ihnen aber nicht gelungen, aus dem gläsernen Kunden bare Münze zu schlagen. Ein prominentes Beispiel für die Ernüchterung ist General Motors. Der Autohersteller mit Hauptsitz in Detroit teilte Mitte letzten Jahres mit, dass er Anzeigen im Wert von rund 10 Millionen Dollar von Facebook zurückziehen werde. Die Begründung: Social-Media-Marketing habe nicht das halten können, was es versprochen hat. General Motors zumindest habe trotz Investitionen in die Zuckerberg-Plattform in Millionenhöhe keinen nennenswerten Mehrabsatz an Autos erzielt. Auch deutsche Kritiker halten den Hype um Social-Media-Marketing für übertrieben. Zu ihnen zählt Stefan Winners, der bis vor kurzem die Tomorrow Focus AG leitete. Anlässlich eines Interviews in der FAZ meinte er, dass Facebook-Werbung weder den Umsatz ankurble noch die Markenbindung vorantreibe. Diese Einschätzungen stehen im krassen Widerspruch zu Agenturen, die sich rühmen dank effizienter Trackingsysteme den Kunden beim Denken sozusagen zuschauen zu können. (2)

Unzufriedenheit mit der Erfolgsmessung

Vielleicht liegt die mangelnde Effizienz aber auch schlicht und einfach daran, dass viele Unternehmen bisher nicht genügend Ressourcen zur Verfügung stellen, um Social-Media-Marketing tatsächlich in eine Erfolgsgeschichte umzuschreiben. Diese Vermutung legt zumindest eine Untersuchung nahe, die die beiden in den USA ansässigen SMM-Experten Lawrence Ragan Communications und Nasdaq Omx Solutions in einem Gemeinschaftsprojekt veröffentlicht haben. Die wesentlichen Erkenntnisse: Zwar stuften 65 Prozent der Gesprächspartner, die für socialmediaaffine Unternehmen arbeiten, das Thema als sehr wichtig ein; sie gaben aber auch zu Protokoll, dass ihre Firmen nicht vorhätten, zusätzliches Personal einzustellen. Das ist auch einer der Gründe, warum rund 30 Prozent der Interviewpartner mit der Erfolgsmessung von Social-Media-Aktionen alles andere als zufrieden waren. Als weitere Argumente wurden zu wenig Zeit ins Feld geführt und die Unsicherheit, welche Tools sich für Erfolgskontrollen tatsächlich eigneten. Eine andere Studie führt die Planlosigkeit, mit der Unternehmen ihre Social-Media-Aktionen ausführen, ins Feld. (3), (4)

Social Media Marketing ist kein Muss

Eine ganz andere Frage ist, ob wirklich jedes Unternehmen auf Social Media setzen muss. Forscher der Universität Leipzig geben in ihrer Studie "Social Media Delphi 2012" zumindest zu bedenken, dass das Engagement für diese Art des Marketings von konkreten Zielen geleitet werden sollte. Oder mit anderen Worten: Nur weil es den Hype gibt, ist das noch lange kein Grund, ihm kritiklos zu folgen. Schnellschüsse eigneten sich für Social-Media-Marketing daher genauso wenig wie mangelndes Commitment und eine Planung, die nicht auf Dauer ausgerichtet ist. Wer sich gegen Social-Media-Marketing entscheidet, sollte allerdings genau verfolgen, was sich auf den sozialen Plattformen tut. Denn es lohnt sich immer zu wissen, was der Kunde über das eigene Unternehmen denkt. (4)

Trends

Bessere Kontrollen garantieren mehr Erfolg

Selbst wenn Social-Media-Marketing noch nicht so erfolgreich ist, wie es angesichts der technischen Möglichkeiten zu erwarten wäre, so wird dieser Zustand sicherlich nicht von Dauer sein. Oder anders formuliert: Sind die Kinderkrankheiten erst überwunden, werden auch die Kampagnen mehr Umsatz generieren. Eine wichtige Voraussetzung sind allerdings verlässliche Erfolgskontrollen. Um diese zu gewährleisten, brauchen Firmen neben besser ausgebildetem Fachpersonal mehr Zeit und vor allem mehr Geld. In Österreich gibt es mittlerweile einen Studiengang, der Interessenten in zwei Semestern zum Social-Media-Manager ausbildet. Ein wichtiger Punkt auf dem Lehrplan: Erfolgsmessungen von Social-Media-Kampagnen. (9)

Fallbeispiele

Erfolgskontrolle durch Mobile Couponing

Eine relativ simple Methode, um zum Beispiel den Erfolg von Mobile Marketing zu kontrollieren, ist Mobile Couponing. Dazu integrieren Unternehmen spezielle Nachlass- oder Sonderaktionen auf mobilen Plattformen. Die Anzahl der Kunden, die aufgrund dieser speziellen Angebote in Geschäfte kommen, um die Coupons einzulösen, lässt sich leicht feststellen und damit auch der Erfolg der Aktion. Spezialisiert auf Mobile Couponing sind Anbieter wie Gettings, Coupies oder MyMobai. (5)

Locaside: Social-Media-Marketing mit Erfolgskontrolle

Locaside hat sich auf die Vermarktung lokaler Events des Nachtlebens von zurzeit rund 2 500 Locations in 45 deutschen und österreichischen Städten sowie Regionen spezialisiert (Stand: März 2013). Seinen Kunden bietet das Start-up-Unternehmen aus Karlsruhe dank seiner nach eigenen Worten "zielgerichteten und effektiven" Social-Media-Marketing-Unterstützung auch Erfolgsmessungen an. (6)

Immobilienmakler nicht im Bilde

Deutsche Immobilienmakler vertrauen zwar zunehmend auf das Internet, mit der Erfolgskontrolle ihrer Marketingaktionen ist es allerdings noch nicht weit her. Die Telegate AG hat zum Beispiel herausgefunden, dass 55 Prozent aller Makler nicht darüber im Bilde sind, welche Ergebnisse ihre Online-

Aktionen tatsächlich haben. Auch was die Erfolgskontrolle von Social-Web-Aktionen im Besonderen betrifft, besteht noch Nachholbedarf. Eine ganze Reihe von Maklern gibt sich schon damit zufrieden, wenn sie genügend Fans haben. Diese Zahl alleine ist aber nicht gerade aussagekräftig. Ausschlaggebend ist die Qualität der Wirkung. (7)

Social-Media-Leitfaden für KMU

Der Bundesverband Informationswirtschaft, Telekommunikation und neue Medien e.V. (BITKOM) hat für kleine und mittlere Unternehmen (KMU) seinen Social-Media-Leitfaden in zweiter Auflage veröffentlicht. KMU finden darin unter anderem eine Checkliste, die sie über Social-Media-Strategien, die Bewältigung von Krisen und Erfolgskontrollen aufklärt. Interessenten haben die erste Auflage des Leitfadens rund 30 000 Mal heruntergeladen - für die Herausgeber ein großer Erfolg. Wie die erste Auflage ist auch die Neuauflage kostenlos und auf der BITKOM-Website erhältlich. (8)

Neuer Studiengang in Österreich: Social Media Management

In Österreich hat die Life Long Learning Academy

(LLL-Academy) des Technikums Wien einen neuen Studiengang entwickelt. Er trägt den Namen Social Media Management. Das Weiterbildungsprogramm ist auf zwei Semester angelegt, richtet sich an Berufstätige auch ohne Hochschulabschluss und kostet 6 600 Euro. Die Inhalte decken die ganze Bandbreite erfolgreichen Social-Media-Marketings ab und beschäftigen sich mit Themen wie die Einbettung von SMM in die Gesamtmarketingstrategie und Erfolgskontrollen. Unterrichtet werden die Studierenden von 18 ausgewiesenen Experten. (9)

Weiterführende Literatur

(1) Marketing Accountability - Bedeutung und Herausforderung des Erfolgsnachweises im Marketing
aus "Regal" Nr. 02/2013 vom 28.02.2013 Seite: 105

(2) SOCIAL-MEDIA-MARKETING Facebook & Co. als Versuchslabore
aus kressreport vom 14.09.2012, Nr. 19, S. 22

(3) Die Herausforderungen von Social Media in der Praxis
aus acquisa spezial direktmarketing, Vol. 60, Heft 01/2013, S. 6

(4) Kein Wille zur Veränderung
aus CIO - IT-Strategie für Manager, Meldung vom

19.12.2012

(5) Umsatz im Umkreis
aus Creditreform Nr. 02 vom 01.02.2013 Seite 045

(6) Kontakter stellt hier junge, interessante Start- ups vor.
aus Der Kontakter Nr. 10 vom 07.03.2013, S. 20

(7) Makler scheuen die Messung
aus Immobilienwirtschaft, Heft 02/2013, S. 38

(8) Leitfaden für den Mittelstand
aus Nürnberger Zeitung vom 23.11.2012, S. 17

(9) Social Media Manager gesucht
aus "Horizont" Nr. 07/2013 vom 15.02.2013 Seite: 6

Impressum

Erfolgskontrolle - Gretchenfrage: Lassen sich effiziente Marketingkampagnen tatsächlich planen?

Bibliografische Information der deutschen Nationalbibliothek

Die Deutsche Nationalbibliothek verzeichnet diese Publikation in der deutschen Nationalbibliografie; detaillierte bibliografische Daten sind im Internet über http://dnb.d-nb.de abrufbar.

ISBN: 978-3-7379-0808-5

© 2015 GBI-Genios Deutsche Wirtschaftsdatenbank GmbH, Freischützstraße 96, 81927 München, www.genios.de

Alle Rechte vorbehalten. Dieses Werk ist einschließlich aller seiner Teile – z.B. Texte, Tabellen und Grafiken - urheberrechtlich geschützt. Jede Verwertung außerhalb der Grenzen des Urheberrechtsgesetzes bedarf der vorherigen Zustimmung des Verlags. Dies gilt insbesondere auch für auszugsweise Nachdrucke, fotomechanische Vervielfältigungen (Fotokopie/Mikroskopie), Übersetzungen, Auswertungen durch Datenbanken oder ähnliche Einrichtungen und die Einspeicherung und Verarbeitung in elektronischen Systemen.